红心向党

——百年青海革命文物目录展

青海省博物馆『1+3』主题

展览系列丛书

文物出版社

图书在版编目（CIP）数据

红心向党：百年青海革命文物目录展/青海省博物

馆编.-- 北京：文物出版社，2023.12

（青海省博物馆"1+3"主题展览系列丛书）

ISBN 978-7-5010-8263-6

Ⅰ.①红… Ⅱ.①青… Ⅲ.①革命文物－青海－图录

Ⅳ.① K871.62

中国国家版本馆 CIP 数据核字 (2023) 第 211181 号

红心向党

百年青海革命文物目录展

编　　者：青海省博物馆

策划编辑：李　睿

责任编辑：卢可可

责任印制：王　芳

出版发行：文物出版社

社　　址：北京市东城区东直门内北小街 2 号楼

邮　　编：100007

网　　址：http://www.wenwu.com

经　　销：新华书店

印　　刷：雅昌文化（集团）有限公司

开　　本：889mm×1194mm　1/16

印　　张：13

版　　次：2023 年 12 月第 1 版

印　　次：2023 年 12 月第 1 次印刷

书　　号：ISBN 978-7-5010-8263-6

定　　价：360.00 元

序一

2021 年正值中国共产党成立 100 周年，在庆祝中国共产党成立 100 周年大会上，习近平总书记指出："一百年来，中国共产党弘扬伟大建党精神，在长期奋斗中构建起中国共产党人的精神谱系，锤炼出鲜明的政治品格。历史川流不息，精神代代相传。我们要继续弘扬光荣传统、赓续红色血脉，永远把伟大建党精神继承下去、发扬光大！"这为我们传承红色基因、弘扬革命文化，从百年党史中汲取精神的力量，奋力实现第二个百年奋斗目标，指明了方向、提供了遵循。

2021 年 3 月，习近平总书记对革命文物工作作出重要指示："革命文物承载党和人民英勇奋斗的光荣历史，记载中国革命的伟大历程和感人事迹，是党和国家的宝贵财富。"革命文物凝结着中国共产党的光荣历史，"其作始也简，其将毕也必巨"。革命文物可能只是一封迟到的家书、一双破旧的草鞋、一本血染的党证……这些小小物件的背后，可能是一个家庭、一个民族、一个国家的希望和寄托。

在青海省文化和旅游厅、青海省文物局的大力支持下，青海省博物馆承办了展览"百年青海革命文物目录展"。本次展览以青海省 2021 年公布的第一批革命文物名录为依托，践行中办国办《关于实施革命文物保护利用工程（2018－2022 年）的意见》，讲述革命文物背后的故事，激励社会各界人士保护革命文物，赓续红色基因，坚守初心、勇担使命，让革命文物绽放新光彩，发挥出教化育人、凝心聚力的作用，增进人民的爱国情怀、培育人民的高尚情操。

本次展览得到了多方鼎力支持，汇集了青海省内六家文博单位的精品革命文物。参展单位有青海省博物馆、西路军纪念馆、慕生忠将军纪念馆、原子城纪念馆、玉树抗震救灾纪念馆，玉树地震灾后重建展览馆，涵盖新民主主义革命时期、社会主义革命和建设时期、改革开放和社会主义现代化建设新时期，是青海鲜有的红色主题文物大展。

在此感谢所有为展览成功举办而付出辛勤劳动的工作人员，并以此展览祝福祖国繁荣昌盛，国泰民安。

2022 年 8 月

序二

2021年7月1日，中国共产党成立100周年。为庆祝中国共产党成立100周年，青海省博物馆推出红色主题展览。回溯过去，翻开中国共产党这一世纪的风雨路程，在展览中重走百年路，共情百年史。

近代中国内忧外患，无数仁人志士苦苦探寻救国救民之道，却都没有成功解决中华民族前途与命运的问题。风雨如晦中，中国共产党在伶仃飘摇的红船上，开启了开天辟地的跨世纪航程。

这一百年，它披荆斩棘率领中华民族绝处逢生，烽火连天里，革命烈士血肉为盾，用鲜血灌溉山河寸土；

这一百年，它筚路蓝缕引领国家走向富强，层层封锁中，时代先锋激流勇进，用青春铸造理想信念；

这一百年，它守正创新带领中华民族走上复兴之路，时代变局中，先进模范守正创新，用拼搏开创新生局面。

放眼祖国的山川湖海，哪一处不是红色的故乡，哪一处不是红色的热土。

2021年3月国家文物局下发了第一批革命文物名录，青海省分别在同年5月和9月相继发布了可移动和不可移动革命文物名录。"百年青海革命文物目录展"是依托青海省第一批革命文物名录来打造的，展览分为不可移动革命文物与可移动革命文物两个部分，以文物为媒介，讲述青海近百年来的革命故事，如红军长征过班玛、西路军浴血祁连、抗美援朝保家卫国、"两弹一星"国之重器等事件，深度挖掘鲜为人知的革命故事，让观众了解青海这片热土上曾经留下的光辉历史，并以中国共产党人精神谱系为暗线，如长征精神、抗美援朝精神、"两路"精神、"两弹一星"精神，以文物为故事主角，生动讲述发生在青海大地上可歌可泣的革命历史故事，激励社会各界人员保护革命文物，赓续红色基因，坚守初心、勇担使命，让革命文物绽放新光彩，发挥出教化育人、凝心聚力的作用，增进人民的爱国情怀、培育人民的高尚情操。

展览在叙事方法上打破了专题纪念馆以时间为叙事逻辑的方法，让革命文物成为主角，以事件为展览逻辑，形成文物组群式展现手法，讲述文物与革命历史事件之间的联系，解读文物背后的历史故事，坚持有址可寻、有物可看、有史可讲、有事可说，做到"见物——见事——见人——见精神"，传承好红色基因。展览力求打破青海革命资源及革命历史事件稀缺的固有印象，以青海近百年来波澜壮阔的革命历史让观众了解青海红色历史、红色文化、红色资源，展现出青海人民在革命历史中有担当、有贡献，全国人民在青海发展中有牺牲、有作为。

本展览从全省六家文博单位遴选 158 件/套能反映出展览主题事件的革命文物。参展单位有青海省博物馆、西路军纪念馆、慕生忠将军纪念馆、原子城纪念馆、玉树抗震救灾纪念馆、玉树地震灾后重建展览馆，涵盖新民主主义革命时期、社会主义革命和建设时期、改革开放和社会主义现代化建设新时期，反映在中国共产党团结和带领下各族各界人民为青海及青海各族各界人民为全国革命、建设、改革所立下的丰功伟绩，凸显出近百年来全国与青海之间"你中有我，我中有你"的发展格局。

青海不仅有"苍茫云海间"的白色，更有"以血荐轩辕"的红色。

当青海地区被反动军阀的阴影笼罩之时，寇从善于黑暗中辟出一线光明，他组织群众发起抗粮运动，秘密开展地下活动。有时他被称作赵君侠，有时他被称作李伟，然而他有一个不变的名字——中共党员。

面对边境线上"联合国军"的兵锋直抵鸭绿江，党中央领导全国人民进行了抗美援朝的伟大斗争，青海人民也积极投身其中，各族人民展开了爱国增产捐献运动。抗美援朝战场上，"西宁号"战斗机轰鸣；参军送别队伍里，父母送儿子，妻子送丈夫，兄弟同辞乡。

　　当青海西藏地区还处在"行路难"之时，慕生忠带领筑路大军勇往直前于千险万阻中筑起"天路"，倒下去的骆驼尸骨几近绵延百里，他们用钢铁般的意志实现贯通青藏两地的壮举。

　　面对国外势力的核威胁核讹诈，中共中央选址金银滩创建我国第一个核武器研制基地。原居于此的牧民无条件自愿搬迁，离开了他们祖祖辈辈生活的地方。大批科研专家、技术人员、干部工人、人民解放军指战员从祖国四面八方汇聚在此，干惊天动地事，做隐姓埋名人。他们用数代人的牺牲换来了来之不易的国际地位。

　　当突如其来的地震灾害摧毁玉树之时，才哇于断壁残垣中徒手刨出邻里乡亲，他往返于救灾现场与医院之间，为一个个幸存者搭起生命通道，而自己的亲人却在地震中丧生，他是"铁打的汉子，是废墟上不倒的柱，不断的梁"。

　　回首百年，细数青海革命文物背后的故事，为了那些不能忘却的纪念。

　　百年峥嵘，初心如一。如今的青海，欣欣向荣；如今的祖国，风华正茂。

2022 年 9 月

前　言

　　近代以来，中国共产党为实现中华民族伟大复兴，带领中国人民进行了长期不懈的艰苦奋斗，建立了不可磨灭的历史功勋。这些历史背后，留下了弥足珍贵的革命文物。摸清革命文物资源，是保护革命文物、弘扬红色文化的基本前提。为确保革命文物得到应有的保护，2021年青海省文物局公布了第一批革命文物名录，保护革命文物青海在行动。

　　一处处旧址，一件件实物，一座座纪念馆，一个个故事，承载着坚如磐石的信仰信念，彰显着历久弥新的初心使命。

　　保护革命文物，铭记峥嵘历史。为者常成，行者常至。

目　录

百年青海革命文物目录展

第一部分 不可移动革命文物

　　青海境内的不可移动革命文物，见证了青海大地上波澜壮阔的革命历史。每一处革命遗址的背后，都有一段峥嵘岁月。本次公布的第一批不可移动革命文物名录，类型丰富，包含了纪念地、旧址、烈士墓、陵园、纪念碑、故居等。中国第一个核武器研制基地旧址（原子城）、昂拉千户院、青藏公路建设指挥部旧址（将军楼）、循化西路红军革命旧址、果洛州班玛红军沟等文物保护单位均对外开放，对发挥文物保护单位社会教育、爱国主义教育，提升地方红色旅游经济发挥着重要作用。

省级文物保护单位　　　　　　　　　　　▶

毛泽东主席塑像

西宁市城北区朝阳西路山川小区家属院

　　1968 年 12 月 26 日山川机床铸造厂的同志为庆祝毛泽东诞辰而铸造的塑像，这是我省最大的一座毛主席塑像，也是我国现存为数不多的铸铁材质的毛主席塑像。该塑像总高 12.26 米，象征毛泽东的诞辰；身高 7.1 米，象征中国共产党的生日；底基总面积为 9.6 平方米，象征祖国 960 万平方公里的国土面积。

省级文物保护单位 ▲

青海省委旧址

西宁市城西区黄河路 2 号

　　青海省委旧址窑洞（宿舍）始建于 1951 年，由当时驻青第一野战军修建，同期修建的还有礼堂、常委楼（现八角厅），该遗址是 20 世纪 50 年代初期青海省党政主要领导同志生活与办公的场所，现存 6 间窑洞房和 3 间警卫室。

▶

孙中山先生纪念碑

西宁市城西区胜利路 71 号

　　1931 年西宁各族人民为纪念孙中山先生的革命功绩建造的纪念碑。1934 年又在碑后集资修建中山堂一幢，2006 年由原址西大街 69 号（省政府院内）迁至西宁市城西区胜利路人民公园内，搬迁后的孙中山纪念碑为原状修复。

西宁市烈士陵园

西宁市城中区南川东路 19 号

　　西宁市烈士陵园始建于 1954 年 7 月，是为缅怀在青海牺牲的中国工农红军西路军烈士而建立的。陵园中轴线分布有中国工农红军西路军烈士群雕塑像、纪念碑、烈士墓、纪念馆等，园内安葬着 1776 名烈士遗骨。

大通县烈士陵园

大通回族土族自治县城关镇西关村陵园路 396 号

　　大通县烈士陵园于 1955 年建成，陵园内安葬有革命烈士 243 名，大多是在新中国成立后剿匪平叛战斗中献出宝贵生命、光荣牺牲的部队指战员。园内有烈士纪念碑、抗日阵亡将士纪念碑、八角亭、六角亭、陈列室等建筑物。

▲

寇从善故居
西宁市湟中区上新庄镇窑滩村

　　寇从善同志是早期加入中国共产党的青海籍党员之一，由李先念、张明远介绍加入中国共产党。他先后多次赴青在民和三川和青南地区开展群众抗粮、系统调查等党的地下工作，后被军阀马步芳逮捕，严刑拷打，落下终身残疾。该故居是他出生并生活的地方。

全国重点文物保护单位 ▼

青藏公路建设指挥部旧址（将军楼）

格尔木市金峰路西端西藏驻格尔木运输总公司家属院内

青藏公路建设指挥部旧址（将军楼）始建于 1956 年 10 月，为原青藏公路管理局办公场所及慕生忠将军生活、工作过的地方。

莫河驼工窑洞旧址

乌兰县莫河驼场

　　莫河驼工窑洞是第一代莫河驼工们曾经居住生活的地方，莫河驼工们为物资运输进藏与青藏公路建设作出了不可磨灭的贡献，莫河驼工窑洞旧址承载着驼工们在祖国西北建设中吃苦耐劳的革命精神。

英雄地中四井（冷湖）

茫崖市冷湖镇冷湖街五号地中四地区

　　地中四井喷油，标志着冷湖油田诞生。1960年，冷湖油田成为继玉门、新疆、四川油田以后的第四大油田，为新中国的经济建设和国防建设作出了不可磨灭的贡献。为纪念地中四井在第一口油井处设立了纪念碑，碑身正面题字"英雄地中四，美名天下扬；东风浩荡时，油龙逐浪飞"。

省级文物保护单位 ▲

大柴旦将军楼

大柴旦行政委员会大柴旦镇人民西路

　　大柴旦将军楼是为保障修通贯穿柴达木南北的敦格
公路，在大柴旦修建的公路指挥部。

海北藏族自治州

全国重点文物保护单位 ▶

第一个核武器研制基地旧址

海晏县西海镇同宝路 10 号

　　1956 年，中央政府决定建设核武器研制基地，经过全国选址，1958 年 7 月，邓小平代表党中央批准了核武器工程选址报告——选在青海海晏县金银滩，自此代号为"221"的中国核武器工程正式启动，大批建设者和科研工作者舍家为国，从祖国的四面八方汇集在这里。

中国鱼雷发射
试验基地

海南藏族

自治州

中国鱼雷发射试验基地

共和县江西沟乡下社村 151 景区

　　中国鱼雷发射试验基地经中央批准由中国人民解放军海军某部始建于 1965 年，是中国鱼雷发射实验的场所，也是我国第一个鱼雷发射基地。

黄南藏族自治州

昂拉千户院

尖扎县昂拉乡尖巴昂村内

昂拉千户原是吐蕃王朝赤热巴巾的后代，因守卫边界和征税的需要，在公元 9 世纪中叶，赤热巴巾派贡叶西达杰来到青海的尖扎地区定居，成为黄河两岸的头人。公元 1657 年，清朝顺治皇帝封他的后代祖多杰为昂拉千户。项谦是第七代世袭千户。新中国成立后，项谦在习仲勋同志与中共中央西北局的感召下，向广大群众和头人宣传党的政策，并在抗美援朝战争期间捐献三千元人民币。

果洛藏族
自治州

全国重点文物保护单位　▶

果洛和平解放纪念地

达日县建设乡卡热村

　　1952 年 8 月，中国共产党果洛工作委员会、西北军政委员会果洛工作团到达达日县查郎寺，并根据《中国人民政治协商会议共同纲领》，在查郎寺召开了由三果洛地区各部落头人、宗教上层人士、各界代表共 271 人参加的联谊会，宣告果洛地区和平解放。为了纪念果洛和平解放，果洛人民于 2008 年修建了果洛和平解放纪念碑。

果洛班玛红军沟

班玛县子木达沟

　　1936 年 7 月，中国工农红军二、四方面军两万余人因长征经过青海果洛班玛、久治一带，这也是红军长征唯一经过青海的地方。他们在这里驻扎休整期间，在许多地方书写了北上抗日的标语，但多已不存，唯亚尔堂乡子木达沟石壁上书写的"北上响应全国抗日反蒋斗争！安庆宣"的标语，虽经多年风雨剥蚀，其字迹仍清晰可辨。红军走后，班玛人民为纪念他们，将"子木达沟"改名为"红军沟"。

海东市

▲

喜饶嘉措大师活动地（古雷寺）

循化撒拉族自治县道帷藏族乡古雷村

　　古雷寺是喜饶嘉措大师早年出家学经的地方，毛主席曾夸他是"藏胞中有学问的人，是爱国老人"，他积极宣传党的民族政策，促进汉藏文化融合发展，在爱国和平事业中为国家和人民作出了贡献。

循化西路红军
革命旧址

循化西路红军革命旧址

循化撒拉族自治县查汗都斯乡红光村

　　1939 年至 1946 年间，军阀马步芳将四百余名中国工农红军西路军被俘战士，押解关押到赞卜乎集中营（现循化撒拉族自治县红光村），强迫他们从事伐木、垦荒、修路等各种苦役，"循化西路红军革命旧址"又名"红光寺"，该寺是由被俘西路军设计、取材并修建的。

　　西路军战士在建造该寺时，在敌人严密监视下，采取各种方式与敌进行了机智顽强的斗争。在烧刻砖瓦时，巧妙地将红五星、镰刀、斧头、"工"字、领章等象征革命的图案融入花砖之中，以此表达坚定的革命信念。这是全国唯一由西路军修建的清真寺，极其罕见，不仅造型独特，还具有很重要的历史研究价值。

十世班禅大师故居

循化撒拉族自治县文都藏族乡麻日村

　　十世班禅是当代杰出的藏传佛教领袖和伟大的爱国主义者，他积极推动了中央人民政府与西藏地方政府关于和平解放西藏的谈判。该故居是十世班禅大师出生和居住的地方。

红心向党

百年青海革命文物目录展

第二部分　可移动革命文物

　　一双草鞋、一盏油灯、一把军号……它们承载着党的故事、革命的故事、英雄的故事。每一件革命文物的背后，都有诸多可歌可泣的英雄故事。这些革命文物，展示了青海红色文化资源的丰富谱系，彰显了长征精神、抗美援朝精神、"两弹一星"精神、"两路"精神、抗震救灾精神等中国精神，培育了"登高望远、自信开放、团结奉献、不懈奋斗"的新青海精神，激励我们在新征程中勇往直前，为实现中华民族伟大复兴中国梦而奋斗。

红军长征

1934 至 1936 年，平均年龄只有三十多岁的中国工农红军在极端困难的情况下，辗转 15 个省，过草地，翻雪山，行程二万五千里，完成了伟大的战略转移——长征。长征是人类战争史上的奇迹。它展示共产党人铁一般信仰、铁一般信念、铁一般纪律、铁一般担当的精神和作风。

长征红军在青海行军路线示意图

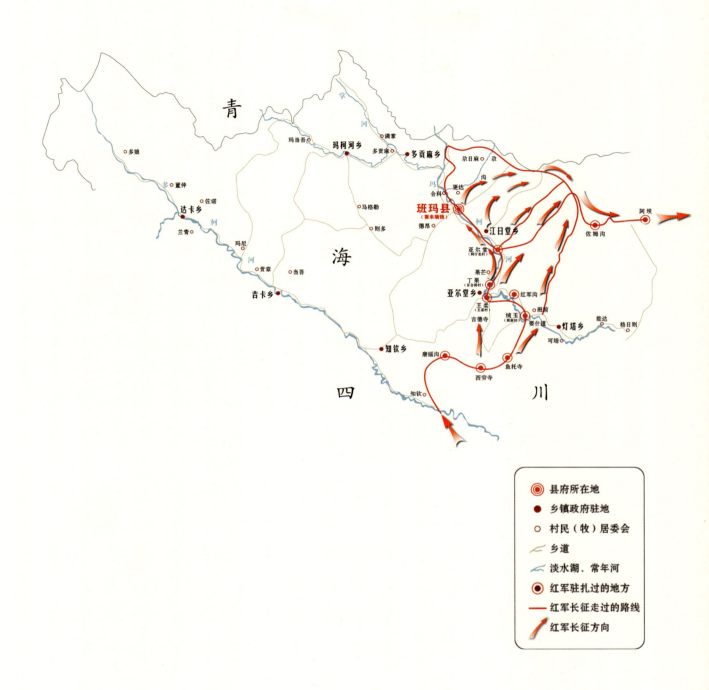

挺进青海

1936年6月下旬，红军总部决定，二、四方面军会师之后立即北上与党中央会合。甘孜会师后，二、四方面军编为左、中、右三个纵队北上。红军进入班玛的主要任务是避开川、康之敌，绕道敌军力量相对薄弱的青海东南隅，抓紧时间筹粮，补充军需，为以后的草地行军作准备。

长征红军在青海境内翻越的六座雪山

楼赛山（海拔 4390 米）

地   点：四川省阿坝藏族羌族自治州壤塘县南木达乡与青海省果洛藏族自治州
班玛县灯塔乡交界处。

跨越时间：1936 年 7 月上旬

美尔岗（海波 4420 米）

地   点：青海省果洛藏族自治州班玛县灯塔乡

跨越时间：1936 年 7 月中旬

得尔岗（海拔 4271 米）

地点：青海省果洛藏族自治州班玛县灯塔乡

跨越时间：1936 年 7 月中旬

子木达山（海拔 4490 米）

地点：青海省果洛藏族自治州班玛县亚尔堂乡

跨越时间：1936 年 7 月中旬

子昂山（海拔 4428 米）

地点：青海省果洛藏族自治州班玛县江日堂乡

跨越时间：1936 年 7 月中旬

塔音山（海拔 4422 米）

地点：青海省果洛藏族自治州久治县白玉乡

跨越时间：1936 年 7 月中旬

朱德、张国焘关于北进行动部署致徐向前电

（1936年6月25日13时）

徐：〔密译〕

A. 我军拟以松潘、包座之线为出动目标，分三纵队进。

1. 董（振堂）、黄（超）指挥五军、九十一师在丹（巴）两团及留绥（绥靖，今金川）各部为右纵队，由绥（绥靖）经梭磨、河马（马河坝）、侧格、杂窝、哈龙（今卡龙）进，但到侧格须抽检并与中、左纵队行程调节。

2. 你指挥九军、三十一军四个团，四军两个团，红大、总供卫两部由炉（霍）、色科（今色尔坝，在色达县境）经诺科、让倘（今壤塘）、三湾、按坝（安坝）、查理寺、上让口（上壤口，今龙日坝）、毛儿盖进。

3. 我们指挥三十军、四军两个团、三十二军、二方面军及总直各部为左纵队，由甘孜、东谷经日庆、西倾寺、让倘（今壤塘）进，其先头须查报西倾寺或让倘到阿坝路状，再定前进路线。

4. 中、左纵队准备在让倘地带补充粮并整理建制及指挥。

B. 已令（孙）玉清两师（二十六）日由炉（炉霍）向色科（色尔坝）进；（柴）洪儒两团则于（王）建安抵益时即组织转色科（色尔坝）归还建制续进，红大、总供卫部则随（王）建安后进，二七七团则后。望据此指挥中纵先头速占让倘（壤塘）粮食地带为要。

C. 我们拟在二方面军先头进。

朱、张

朱德、张国焘对徐向前十二日建议的复电

（1936年7月13日17时）

徐：

（甲）先念率八十九、骑兵两师昨到作木沟，明（十四）日可到达阿坝。

（乙）六军今到绒玉已无粮。二军明（十四）日由东谷出发，每人带有十天干粮。

（丙）松潘仍只孙敌第四旅共两个团，并无增加部队。

（丁）两广同蒋仍在电报战和开二中全会，最近不会真正开火。

（戊）中纵宜速行动，迟则粮愈少。总卫生部应速进，不宜多置掩护部队。

（己）左纵以一部出阿坝西北或由齐哈马过河打牛厂，实有必要。

（庚）如阿坝有粮，中纵一部当可出阿坝；但你们目前应用一切方法使中纵速吃野菜，能有十五天粮以到达巴西、阿西为目的。

朱、张

中革军委询问二、四方面军行动情况致朱德、张国焘、任弼时电

（1936 年 7 月 28 日）

朱、张、任同志：

成都通报说，你们还在大金川。青海通报说，你们两路出青；

一路出甘，前锋至阿坝。但有说你们抵芦花者。我们甚为至念，

不知粮食够用否？目前确至何地？8 月中旬可出甘南否？

两广因无革命决心与内部不巩固，发生内变；然全国革命厘米，高涨的基本形势没有变化。西北统一战线有了进步。

三个方面军会合之后，即能引起西北局面大变化，兄等行军情况盼时告。

毛、周、彭

关向应同志的日记

1936 年 7 月上旬，红二、四方面军从甘孜等地开始北上。7 月中旬，红二方面军进入茫茫大草地。进草地没几天，战士的粮袋差不多都空了。红二方面军副政委关向应日记中简要记录了当时缺粮的情景：

7 月 7 日，6 军行军约百里。沿途均无房屋，到大吉岭附近露营。7 月 12 日，6 军在西倾寺休息。准备筹集 7 天粮食，不但没筹集到，而且在该地休息吃的粮食都没有。部队带来的粮只够吃两三天。部队开始采野菜充饥。

7 月 13 日，6 军经点（鱼）头寺进沟，顺沟而上，翻了两个山，最后一个较高，下山坡很滑，行军约 120 里到绒玉。

7 月 14 日，6 军在绒玉休息。无粮食，采野菜吃。

7 月 15 日，6 军仍在绒玉休息，以野菜充饥。

7 月 16 日，6 军上午出发，沿河而上，下午到王楼。各部队还是没有找到粮食，全吃野菜。指挥部及 2 军 4 师到打盆、大古岭。6 师在东谷。因河水涨，需架设浮桥，明日才能续进。

7 月 18 日，6 军在亚龙寺一线休息，准备补充粮食，但因该地区居民很少，有点粮食全为前边部队通过时收集走了。所以大部分部队采野菜做干粮……草地里的气候变化无常，时风时雨，时雪时雹，红军指战员深受其苦。

7 月 19 日，6 军到作木沟露营，大风大雨，接着下大雪雹，部队人员一夜满身通湿，寒冷似湖南三九天气。

7 月 21 日，6 军到离阿坝约 40 里的地方露营，通宵大雨，帐篷大漏，地下很湿，睡不成。

7 月 22 日，6 军过一个上下约 40 里的横排山。过山时，大雨倾注，狂风折树，非常寒冷。

鱼水情深

1936年7月1日至27日，中国工农红军第二、四方面军、左纵队约三万多人进入果洛班玛地区。他们在此地边行军、边筹粮，而后向川北阿坝地区挺进。在班玛活动的20余天时间里，红军向当地藏族同胞宣传红军主张，得到了藏族同胞热烈响应与拥护。

果洛藏族自治州班玛县藏族同胞救助受伤红军

果洛藏族自治州班玛县藏族同胞为红军指路

标语内容：北上响应全国抗日反蒋斗争！安庆宣

中国工农红军走过的地方——班玛红军沟

在青海果洛班玛地区流传着这样一首歌谣：

红军走了，村寨空了。
村寨空了心不焦，
心焦的是红军走了……

　　　　　　　　——《怀念红军》

红军墓

草鞋

长 24 厘米，宽 9.5 厘米
青海省博物馆藏

皮公文包

宽 19 厘米、长 28 厘米，总长 78 厘米
青海省博物馆藏

步枪

长 121 厘米，宽 11 厘米
青海省博物馆藏

铁印泥盒

长 8 厘米，宽 8 厘米，高 2 厘米
青海省博物馆藏

（一）1936年中国工农红军北上抗日，第二、四方面军为了打击青海军阀的气焰，痛歼了拦截长征部队的马匪军。这是廿五年前红军书写在果洛班玛县的革命标语。

1936年红军书写在果洛班玛县子木达沟石壁上的革命标语照片

长20厘米，宽12.5厘米

青海省博物馆藏

西路忠魂

1936 年 10 月，中国工农红军三大主力会师后，为打通"国际交通线"，中革军委电令红四方面军总部及第五军、第九军、第三十军共 21800 余人西渡黄河，转战河西走廊。他们在极端艰苦的条件下同敌人进行殊死搏斗，虽不幸失败，但他们的牺牲对配合河东红军战略行动，推动西安事变和平解决、奠定抗日后方基地起到了重要作用。

西 路 军 西 进 行 动 示 意 图

(1936年10月下旬——1937年4月)

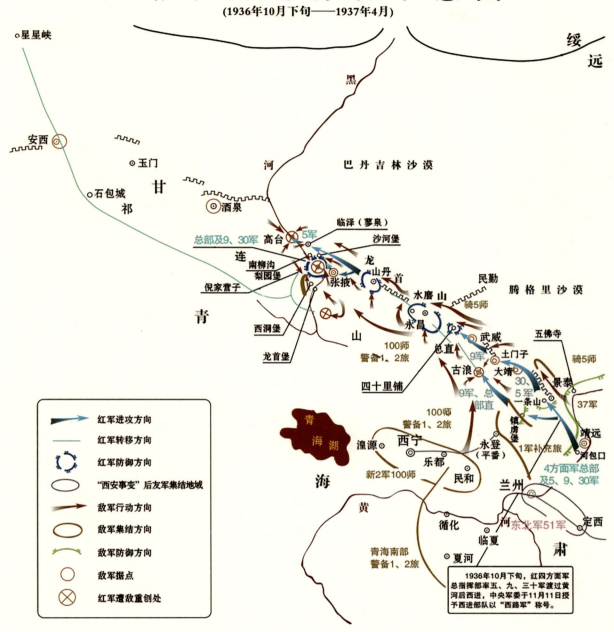

红军进攻方向	
红军转移方向	
红军防御方向	
"西安事变"后友军集结地域	
敌军行动方向	
敌军集结方向	
敌军防御方向	
敌军据点	
红军遭敌重创处	

1936年10月下旬，红四方面军总指挥部率五、九、三十军渡过黄河后西进，中央军委于11月11日授予西进部队以"西路军"称号。

浴血河西

1936年11月11日，中共中央和中革军委电令河西部队称西路军，领导机关称西路军军政治委员会。陈昌浩任主席，徐向前任副主席。西路军西进后，与马步芳、马步青等部在甘肃河西走廊一带进行了艰苦卓绝的战斗。

- 西路军
- 敌军

西路军、敌军力量对比图

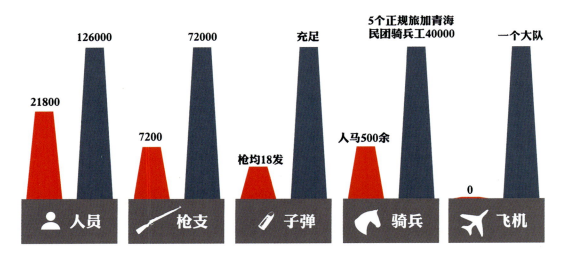

	人员	枪支	子弹	骑兵	飞机
西路军	21800	7200	枪均18发	人马500余	0
敌军	126000	72000	充足	5个正规旅加青海民团骑兵工40000	一个大队

西路军广大指战员坚决执行中央命令，先后转战古浪、永昌、山丹、甘州、临泽、高台、肃南等地，在极其困难的条件下连续奋战半年之久，经历大小战役八十余次，歼敌二万五千余人，因兵力悬殊，最后弹尽粮绝，惨遭失败，几乎全军覆没，在中国革命战争史上写下了悲壮的历史篇章。

1936年11月中旬，红军西路军总指挥部驻地。图为土门（今古浪县土门镇）罗汉楼。

1936年11月18日至12月28日，从红三十军89师及骑兵师进占永昌县城至西安事变后，西路军奉命突围，撤离永昌、山丹地区，再次西进。图为西路军永昌总指挥部旧址。

1937年1月1日，红五军2800余人进占高台县城，图为高台旧城遗址。

1937年2月21日晚，西路军由程世才率三十军88师开路，王树声率九军殿后，从倪家营子浴血突围，于22日凌晨转移至威狄堡一带。由于此地不利坚守，当晚，西路军又返回倪家营子。图为威狄堡（今临泽县新华乡）战斗遗址。

梨园口血战，红九军损失2个团，军政委陈海松、二十五师政委杨朝礼、军政治部宣传部长黄思彦、总部回民支队副司令马有明、七十三团团长孙汉言等2000多人壮烈牺牲。图为陈海松牺牲地梨园口寺望山。

1937年3月14日下午，红西路军军政委员会在石窝山召开最后一次会议决定：徐向前、陈昌浩回陕北向中央汇报；成立西路军工作委员会，由李卓然、李先念、李特、曾传六、王树声、程世才、黄超、熊国炳8人组成，李卓然负责政治领导、李先念负责军事指挥；人员分编为8个支队分散进行游击。图为石窝会议遗址。

李先念带领西行支队翻过东岔大坂，进入青海省祁连县境内野牛沟。图为青海野牛沟。

1937年4月26日下午，西行支队与尾追之敌在红柳园进行了整个西征中的最后一战。此后，部队每7、8人组成一个小分队，分别向星星峡方向突围。图为红柳园战场遗址。

赤胆忠魂

河西战役失败后,6000余名被俘西路军战士被押往"青马"老巢西宁。面对凶残的"青马"匪徒,他们不屈不挠,不忘对党、对人民的忠诚。他们无愧于共产党人称号。

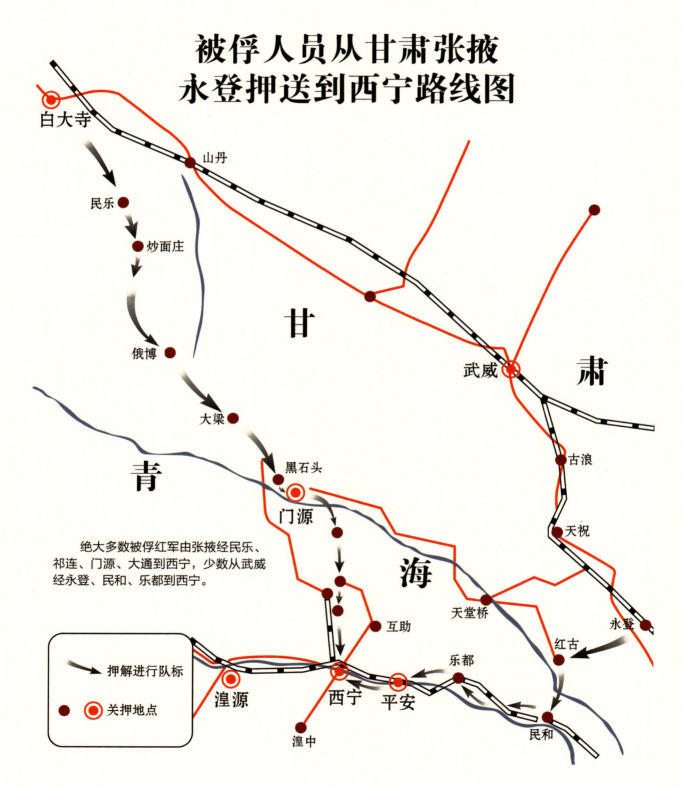

被俘人员从甘肃张掖
永登押送到西宁路线图

绝大多数被俘红军由张掖经民乐、祁连、门源、大通到西宁,少数从武威经永登、民和、乐都到西宁。

图例
押解进行队标
关押地点

白大寺　山丹　民乐　炒面庄　俄博　大梁　黑石头　门源
甘　肃　青　海
武威　古浪　天祝　天堂桥　永登　红古
湟源　西宁　平安　乐都　民和　互助　湟中

张琴秋，浙江桐乡人，1924年加入中国共产党。时任西路军组织部长，在分散突围中不幸被俘，敌人得知她的身份后，将她押送南京邀赏，后经周恩来同志营救回到延安。

黄良诚、曾庆良等红军电台工作人员被俘后被强征在敌电台工作。他们积极开展对敌斗争，在紧急关头，黄良诚、曾庆良冒死扣押马步芳发往马彪处的一份关于追剿西行支队的电报。

孙玉清，湖北红安人，1927年参加黄麻起义，1929年加入中国共产党。时任红九军军长，孙玉清和王树声等率领右支队1000余人，沿祁连山向西北游击，不幸被俘。面对马步芳百般威逼利诱，孙玉清坚贞不屈，被害时年仅28岁。

西路军妇女团政委吴富莲被俘后坚贞不屈，在监狱吞针自尽。

关押女红军的雷鸣寺前院
马步芳将被俘的 40 余名女红军强制编成"新剧团",关押在西宁雷鸣寺前院。

中国工农红军第四方面军军旗（复制品）

长 281 厘米，宽 188 厘米

青海省博物馆藏

脚镣

长 45 厘米，直径 11 厘米
青海省博物馆藏

铁马镫

宽 12 厘米，高 16 厘米

中国工农红军西路军纪念馆藏

军号

高 32 厘米，宽 11 厘米
中国工农红军西路军纪念馆藏

子弹

长 8 厘米，宽 1 厘米
中国工农红军西路军纪念馆藏

马灯

宽 16 厘米，高 26.7 厘米
中国工农红军西路军纪念馆藏

火枪

长 134 厘米，宽 12 厘米
中国工农红军西路军纪念馆藏

手枪

长 25 厘米，宽 22 厘米
中国工农红军西路军纪念馆藏

褡裢

长 140 厘米，宽 39 厘米
中国工农红军西路军纪念馆藏

马鞍

长 45 厘米，宽 30 厘米
中国工农红军西路军纪念馆藏

铁矛

长 30 厘米，宽 7 厘米
中国工农红军西路军纪念馆藏

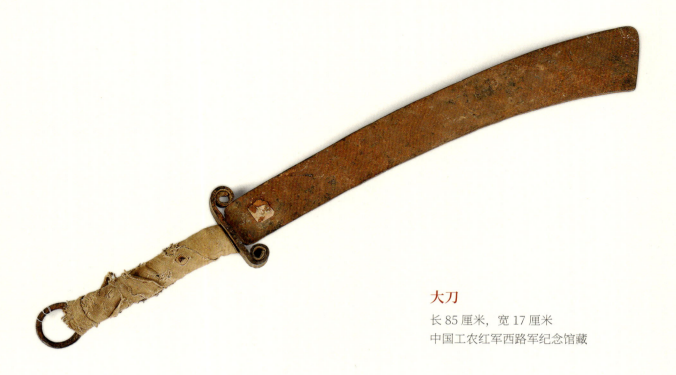

大刀

长 85 厘米，宽 17 厘米
中国工农红军西路军纪念馆藏

冲锋枪

长 85 厘米，宽 13 厘米
中国工农红军西路军纪念馆藏

循化红光寺屋脊青砖（复制品）

长 85 厘米，宽 13 厘米
中国工农红军西路军纪念馆藏

　　"红光寺"又名"循化西路红军革命旧址"。1939 年
至 1946 年间，军阀马步芳将四百余名中国工农红军西路军
被俘战士，押解关押到赞卜乎集中营（现循化撒拉族自治
县红光村），强迫他们从事伐木、垦荒、修路等各种苦役，
该寺正是由被俘西路军设计、取材并修建的。西路军战士
在建造该寺时，在敌人严密监视下，采取各种方式与敌进
行了机智顽强的斗争。在烧刻砖瓦时，巧妙地将红五星、
镰刀、斧头、"工"字、领章等象征革命的图案融入花砖
之中，以此表达坚定的革命信念。

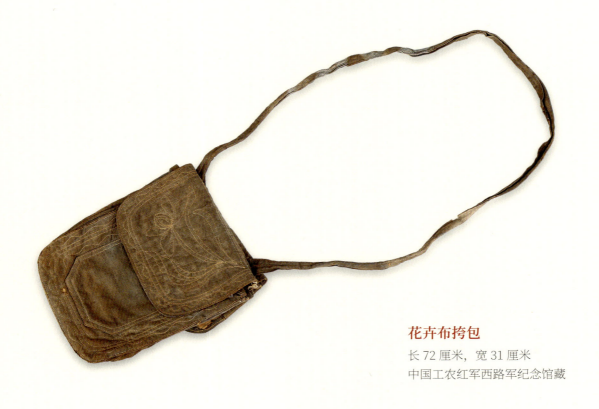

花卉布挎包

长 72 厘米，宽 31 厘米
中国工农红军西路军纪念馆藏

布包

长 42 厘米，宽 17 厘米
中国工农红军西路军纪念馆藏

布包

长 45 厘米，宽 39 厘米

中国工农红军西路军纪念馆藏

青海解放

　　1949年4月21日，中国人民解放军百万雄师横渡长江，以摧枯拉朽之势摧毁了蒋家王朝。同年6月，毛主席命令进军大西北；8月底，中国人民解放军第一野战军第一兵团在配合兄弟部队将"青马"军阀主力部队消灭于兰州之后，长驱直入青海，结束了马步芳对青海各族人民的统治，揭开了青海历史新纪元。

1949 年 8 月 26 日，兰州解放，共歼敌 27000 余人，大败军阀马步芳，取得了西北战场战役决战的重大胜利。图为战斗结束押下大批俘虏。

青海新生

1949 年 6 月 27 日毛主席发出歼灭大西北国民党军阀的命令。7 月 24 日中国人民解放军第一野战军发起了以追歼"青马""宁马"为目的的陇东战役。第一、二、十九兵团分别为左、中、右三路西进。六十二军为总预备队，尾左路军前进。8 月 3 日，"青马"主力被包围在兰州。8 月 23 日一兵团进占永靖一带，切断兰州之敌退路并准备随时增援兰州战役及西渡黄河进军西宁。8 月 26 日兰州攻克，"青马"主力被歼。此战奠定了青海解放基础。

青海解放大事记

1949 年 8 月 28 日，解放军第一野战军左路军分数路向青海进军。循化县城解放。

1949 年 9 月 2 日，解放军第六十二军先头部队解放民和县城。

1949 年 9 月 5 日，一军先遣骑兵侦察部队在侦察科长孙巩带领下率先进占西宁，西宁宣告解放。同日，三军第八师解放了乐都县城，二军第五师解放了化隆县城。

1949 年 9 月 6 日，乐都县人民政府成立，这是青海省最早建立的第一个县级人民政权。

1949 年 9 月 8 日，西宁市人民政府成立。

1949 年 9 月 9 日，湟源县城解放。

1949 年 9 月 10 日，大通县城解放。

1949 年 9 月 11 日，海晏县城解放。

1949 年 9 月 12 日，门源县城、互助县城、湟中县城解放。

1949 年 9 月 18 日，西宁各族各界群众三万多人隆重集会，热烈庆祝西宁解放。

1949 年 9 月 20 日，中共中央电复中共中央西北局，同意中共青海省委以张仲良、廖汉生、冼恒汉，贺炳炎、王尚荣、张国声、傅子和、余秋里 8 人组成。张仲良出任青海省第一任省委书记。

1949 年 9 月 22 日，同仁县人民政府成立。

1949 年 9 月 25 日，青海省委正式成立。

1949 年 9 月 26 日，青海省人民军政委员会成立，廖汉生同志任主任。军政委员会暂行青海省政府职权。

1949 年 10 月 1 日，中华人民共和国成立。

1949 年 11 月 2 日，玉树召开庆祝解放大会，专员马峻致电毛主席表示敬意。

1949 年底，除曲麻莱、果洛、河南蒙旗正在联系解放事宜外，牧业区绝大部分地区已解放。

兰州战役告捷，中国人民解放军第一野战军一兵团立即从临夏起兵向循化和永靖前进。

1949年8月27日，第一野战军进至永靖黄河渡口。因残敌逃跑时烧毁全部船只，部队便立即发动各族群众筹措羊皮筏、木排、渡槽等渡河用具，准备抢渡黄河。

前卫部队翻越空气稀薄的达里加山

解放军进抵循化后，冒着敌人纷飞枪弹，抢架峡桥以渡黄河。

中国人民解放军第一野战军一兵团解放甘都、化隆后，即顺下乐都、平安驿，直取西宁。图为一军部队大踏步通过乐都。

战士们用铁锨划动木筏，迎着滚滚波涛奋勇前进。至1949年9月2日，中国人民解放军一军全部胜利渡过黄河，开始向乐都方向进军。

乐都瞿昙寺的喇嘛涌集路旁,欢迎向西宁前进的解放军队伍。

回族同胞笑逐颜开,挥动彩旗高呼口号,热烈欢迎入城的解放军队伍。

西宁回族妇女结队欢迎解放军

1949年9月18日，西宁各族各界人民欢欣鼓舞，庆祝西宁解放。

庆祝大会全景

庆祝大会结束后，万众军民挥动彩带花束，载歌载舞进行庆祝游
行。图为彩车和游行队伍徐徐通过涌满人群的西宁大街。

为庆祝西宁解放，三万余众各族各界人民隆重集会。

1949年10月，僧众活佛为感谢人民解放军对寺庙的保护和庆祝中华人民共和国成立，特向军政委员会赠献锦旗。图为僧众献旗的情景。

剿匪镇反

青海解放后，不甘失败的马匪多次组织反革命暴乱。1949年9月匪首马德山在西宁西南秘密组织"反共挺进军"等组织，企图在西宁附近发动暴乱；11月，青海境内原马匪残部近万人，以马英等为匪首，在西宁周围策动武装暴乱。因时为农历十月，故民间又称"十月匪乱"。针对敌特的猖狂反扑，解放军展开严厉剿匪镇反活动，保卫了青海各族人民安宁生活生产环境。

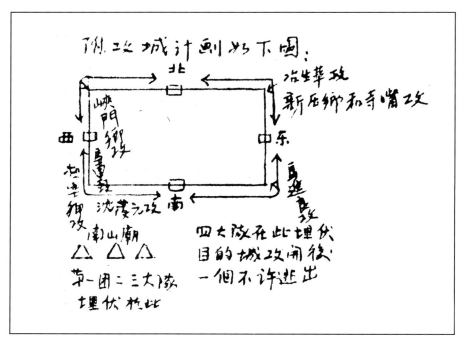

查获的匪徒围攻大通县城的计划图

1949年12月5日，由原青马骑8旅旅长马英任总指挥，纠集残匪和威逼裹胁群众数千人，首先在大通地区公开掀起反革命武装暴乱。匪徒围攻大通县城，袭击桥头镇驻军和各防守据点，使部队和人民生命财产受到严重损失。

解放军于匪乱发生之日，即令兴中师长率部队乘车增援大通。至6日傍晚，消灭和击溃桥头镇、乱泉、南山雷祖庙等股匪，解除乱泉驻军和大通城垣之围。

1949年12月9日，青马旅长马占山等纠众千余，疯狂围攻湟中县城。驻军和县府人员见敌我悬殊，主动撤至附近南山坚持战斗。解放军二师五团平息小峡匪乱后立即回师湟中，同奉命赶到的骑兵营向匪徒展开围剿，除匪首哲马禄等10余人漏网外，余皆被歼，14日解放军收复湟中。图为二师骑兵营向湟中疾进。

大通地区群众敬献锦旗礼品，感谢解放军剿灭股匪，为民除患。

为配合剿匪斗争和安定社会秩序,从1949年年底之后,全省开展了全民性的清匪肃特工作,使暗藏和公开的敌人无藏身之地。图为西宁地区召开的清匪肃特坦白检举大会全景。

剿匪斗争的不断胜利,使社会秩序日趋稳定,人民生命财产得到保障,部队所到之处万民称颂,热情慰问祝贺。图为互助县群众为解放军赠送的锦旗。

建设家园

解放后的青海满目疮痍，百废待兴。面对困难情况，青海各族人民在中国共产党的带领下展开了大规模发展经济建设运动，建设新青海。

1950年1月1日，在各族人民热烈庆祝解放后第一个元旦佳节的欢呼声中，青海省人民政府宣告成立了。图为《青海日报》报道的消息。

1950年1月1日，在各民族人民热烈庆祝解放后第一个元旦佳节的欢呼声中，青海省人民政府宣告成立了。图为《青海日报》报道的消息。

1950年1月10日至15日，青海省人民政府在西宁召开了全省各族人民联谊会。与会500多名各族各界代表欢聚一堂，讨论了民族、治安、贸易等问题，商定了"团结公约"。整个会议充满热烈、民主、团结的气氛。图为联谊会主席团合影。前排左五廖汉生，左六马朴（回族），左七黄文源（蒙古族）。

土族农民采取多翻地、多锄草、多打粮进行生产运动。

烈火燃，烧债契，斗恶霸，分田地，推倒大山翻了身，扭起秧歌庆胜利。图为土改运动中，农民们在欢笑声中烧毁世代压
在身上的地契和债约。

战士们冒着风雪打碎冻粪

1951年4月13日，一军于西宁召开了第二届英模代表大会，表彰了在建政建党、剿匪斗争、筑路生产、后勤保障等各项工作中的功臣模范，进一步促进了部队创模立功活动的蓬勃开展，西北军区为大会发了贺电。图为贺炳炎军长和廖汉生政委在大会上给英模们颁发锦旗。

指战员们你追我赶开展劳动竞赛活动

为解决群众磨面难的问题，部队利用水流较大的沟渠修建水磨。

一九五〇年全軍生産建設成績統計：

類　別	名　稱	成　　績
農生業產	開　荒	77742 畝
	收　穫	38626.655 市石小麥
兵工建設	新修公路	605 公里 (798719.27公方)
	補修公路	50 公里
	涵洞橋樑	901 孔 (17711.76公方)
	修水渠	126 華里 (89084.50公方，灌溉 85000畝)
	修飛機場	978813.40 公方
植　樹		36477 株
副業生產		20611.72 市石小麥
節　約		23527.1 市石小麥

一九五〇年全军生产建设成绩统计

乐都县人民政府第四区公所印章

长 6 厘米，宽 6 厘米，高 3 厘米

青海省博物馆藏

尖扎县第四区人民政府印章

长 8.5 厘米，宽 2 厘米，高 3 厘米

青海省博物馆藏

青海省第一次农业合作社代表会
议纪念章

直径 5 厘米
青海省博物馆藏

青海省林业技术交流大会纪念章

直径 4 厘米
青海省博物馆藏

西北军区第二届体育运动大会纪念章

直径 3.5 厘米
青海省博物馆藏

1953 年西北地区冰上运动比赛大会优胜锦旗

长 115 厘米，宽 68 厘米
青海省博物馆藏

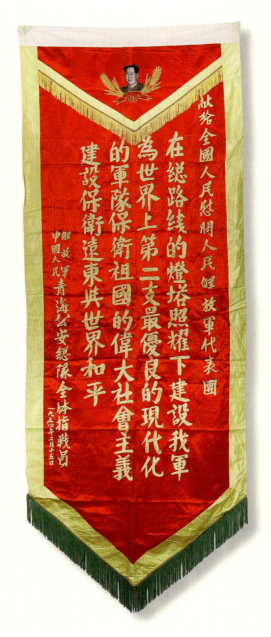

1954 年 2 月 15 日中国人民解放军青海公安总队全体指战员所赠锦旗

长 209 厘米，宽 80 厘米
青海省博物馆藏

献给全国人民慰问人民解放军代表团锦旗

长 197 厘米，宽 80 厘米
青海省博物馆藏

"保卫祖国 建设国防"纪念章

直径 2.5 厘米

青海省博物馆藏

"增产节约 建设新中国"纪念章

直径 2.5 厘米

青海省博物馆藏

1952 年青海省党政军欢送解放军第一军照片

长 36.5 厘米，宽 31 厘米

青海省博物馆藏

西北军区骑兵团部队敬献剿匪礼单
长 45.5 厘米，宽 33 厘米
青海省博物馆藏

剿匪照片
长 20.5 厘米，宽 14 厘米
青海省博物馆藏

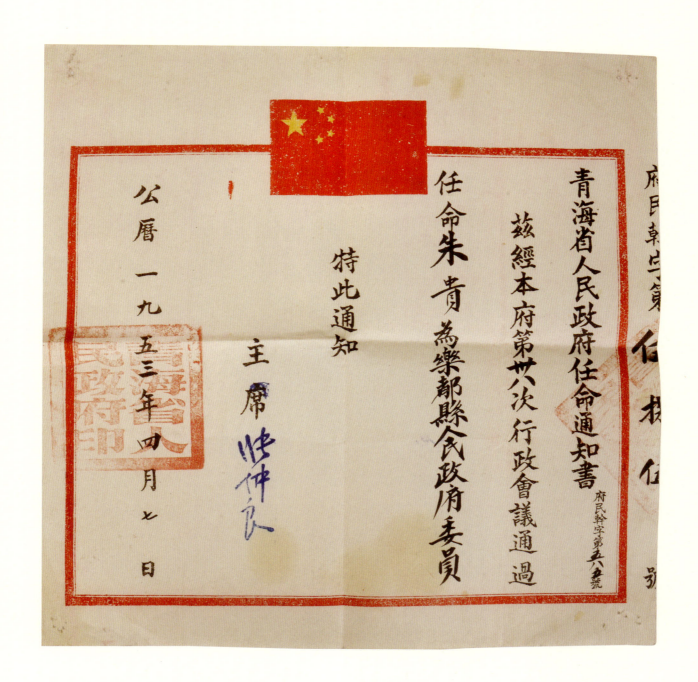

府民案第 任根任 別

青海省人民政府任命通知書

兹經本府第廿八次行政會議通過

府民幹字第五八五號

任命朱貴為樂都縣人民政府委員

特此通知

主席 惺仲良

公曆 一九五三年四月七日

青海省人民政府任命朱贵为乐都县政府委员通知书

长 29 厘米，宽 28.5 厘米

青海省博物馆藏

乐都县瞿昙乡人民政府印章

长 6 厘米，宽 6 厘米，高 3 厘米
青海省博物馆藏

贵德县人民政府第六区公所印章

长 5 厘米，宽 6 厘米，高 3.8 厘米
青海省博物馆藏

1956 年青海省第三届农村水利劳动模范大会纪念章

长 4 厘米，宽 8.5 厘米
青海省博物馆藏

1954 年青海省人民政府颁发的劳模奖章

长 7 厘米，宽 4 厘米
青海省博物馆藏

青海军区司令部献给剿匪部队的锦旗

长 106 厘米，宽 76 厘米
青海省博物馆藏

共和恰卜恰牧民以羊毛换粮食布匹的照片

长 24.5 厘米，宽 19 厘米

青海省博物馆藏

铁犁头

长 29 厘米，宽 29 厘米，高 5.5 厘米
青海省博物馆藏

木桶

高 20.5 厘米，直径 16.3 厘米
青海省博物馆藏

方斗

底边长 29 厘米，高 17.5 厘米

青海省博物馆藏

抗美援朝

　　1950 年 6 月朝鲜战争爆发，美国以联合国名义出兵干涉，9 月战火烧到中朝边境。在朝鲜民主主义人民共和国处境危急、我国安全受到严重威胁的情况下，党中央和毛泽东同志领导中国人民进行了抗美援朝的伟大斗争。中华民族的优秀儿女组成中国人民志愿军，不畏强敌，不怕牺牲，取得了伟大的胜利。中国人民和中国人民志愿军所表现出的爱国主义、革命英雄主义和紧密团结共同御侮的精神永放光辉。

厉兵秣马

驻青海各部队立即行动起来，展开大练兵运动，枕戈待旦，厉兵秣马，随时听候祖国召唤。

抗美援朝志愿军雄赳赳、气昂昂，跨过鸭绿江。

1951年7月16日，中国人民赴朝慰问团青海工作队17人，在副团长许宝骧的带领下乘彩车来到西宁，受到城垣各族各界人民的热烈欢迎。慰问团到西宁后，先后向西宁和10余县群众作了赴朝慰问报告，有力地促进了全省抗美援朝保家卫国的爱国运动。

1951年8月，全省有6700余名各族青年踊跃参军，以实际行动保卫世界和平和胜利果实。图为西宁地区参军青年披红戴花，在群众的热烈欢送下通过西宁大街。

赴朝参战队伍出征前合影留念

青海各部队很快掀起积极报名参战，保卫世界和平的浪潮。图为指战员们要求参加抗美援朝申
请书。

1952 年 8 月，根据西北军区命令，青海驻军组成重装军准备入朝参战。部队出征前于西宁召开了英模誓师大会，军党委号召全体指战员踊跃参战，打败美帝侵略者，保卫世界和平。图为王时军在大会上发言。

西宁各族人民怀着敬佩的心情，为出征赴朝参战的勇士们戴上大红花，赠送慰问品。

万众一心

青海各族各界群众也行动起来，通过努力增加生产，积极参军，召开控诉大会，制定爱国公约，组织宣传队深入乡村街头进行宣传演出等行动支持抗美援朝

青海群众为参加抗美援朝的军属赠送光荣匾

班禅额尔德尼·确吉坚赞在僧众大会上号召僧俗们捐献"佛教号"飞机

在抗美援朝爱国运动中，全省各地开展了支援抗美援朝的义务捐献、拥军优属和勤俭节约等活动。图为互助县土族群众为实现全省捐献3架战斗飞机的计划而踊跃签名捐资。

**青海少年队给赴朝慰
问团代表献花的照片**

长 25 厘米，宽 19.5 厘米
青海省博物馆藏

水杯

直径 9 厘米，高 12 厘米
青海省博物馆藏

弹壳制笔架

直径 20 厘米，高 19 厘米
青海省博物馆藏

弹壳制工艺品

直径 19 厘米，高 15 厘米
青海省博物馆藏

湟源县二区在八一纪念会上听赴朝慰问团
代表报告的照片

长 25 厘米，宽 18 厘米
青海省博物馆藏

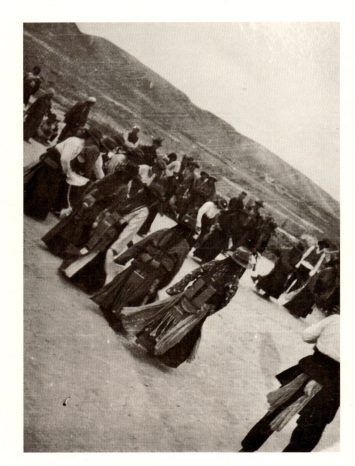

共和恰卜恰藏族秧歌队欢迎赴朝慰问团的照片

长 24.5 厘米，宽 18 厘米
青海省博物馆藏

都兰县直属乡小组讨论订立爱国公约的照片

长 24.5 厘米，宽 19 厘米

青海省博物馆藏

抗美援朝影集

长 38 厘米，宽 32 厘米

青海省博物馆藏

弹壳制工艺品

高 8 厘米，直径 8.5 厘米

青海省博物馆藏

抗美援朝纪念章

直径 3.8 厘米
青海省博物馆藏

兰青铁路

兰青铁路，东起甘肃省兰州市，西至青海省西宁市，全长 200 余公里，1959 年 10 月 1 日，西宁火车站举行兰青线通车典礼，首列客车满载旅客开往兰州，由此，青藏高原结束了不通火车的历史，将青海经西北各铁路干线与其他省区铁路连通在了一起。

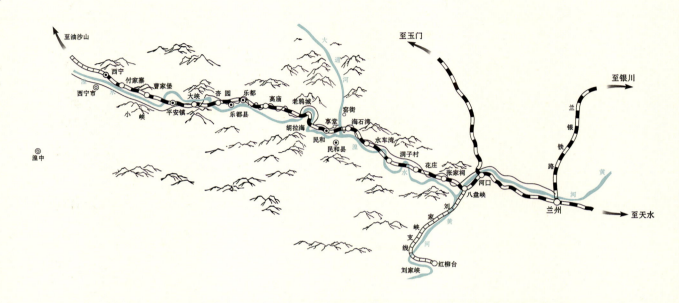

兰青铁路西宁——河口段示意图

至油沙山
西宁
付家寨
曹家堡
西宁市
大峡
杏园
乐都
小峡
平安镇
乐都县
高庙
老鸦城
湟中
胡拉海
享堂
窑街
民和
海石湾
民和县
水车湾
洞子村
花庄
张家祠
河口
八盘峡
刘家峡支线
刘家峡
红柳台
至玉门
至银川
兰银铁路
兰州
至天水
大通河
湟水
黄河

艰苦卓绝

兰青铁路的修筑异常艰辛，桥涵、隧道、挡墙等大型建筑物多而集中，工程非常艰巨。筑路大军在崇山峻岭中开凿隧道，架设桥梁，谱写了一曲壮丽的凯歌。

修建铁路的勘测队员们捎着仪器，向高山挺进。

用精密的仪表探测地下水情况

能装土 8 立方米的大型翻斗车正在倒土

在洪水期中以 100 天建成的湟水三号大桥

西宁枢纽站工程机械化施工一角

少数民族妇女参加筑路

简易铺轨机铺设轨节

胜利通车

兰青铁路于1956年勘测设计，1958年从甘肃省兰州市附近的河口南起开始修建，经数万筑路大军一年零四个月的奋力拼搏，于1959年9月23日，胜利铺轨到古城西宁。在修建期间，朱德委员长曾挥笔题词："把兰青铁路早日修通"，在筑路大军的奋勇拼搏下，短短一年时间，一条巨龙腾飞于高原。

大通河3孔的空腹式钢筋混凝土拱桥，横跨河上，第一列客车胜利通过。

铁轨到达民和站的当天，火车就运来了大批物资和粮食。

盼望多年的幸福之路快要建成了

火车到了家门口，民和县的三位老人抚摸着铁轨。

西藏运输总队献给全国人民慰问人民解放军代表团锦旗

长 144 厘米，宽 94 厘米
青海省博物馆藏

铁路工人的誓言

长 248 厘米，宽 73 厘米
青海省博物馆藏

青海慰问铁路职工代表团所赠锦旗

长 100 厘米，宽 68 厘米
青海省博物馆藏

　　青海慰问铁路职工代表团赠铁道部第六
工程局第五工程段锦旗。正文内容引用朱德
在 1958 年 7 月题写的"把兰青铁路早日修通"。

**铁道部第六工程局全体职工献给青海各族各界人
民的锦旗**

长 173 厘米，宽 88 厘米
青海省博物馆藏

青藏公路

青藏公路东起青海省西宁市，西止西藏自治区拉萨市，是世界上海拔最高的公路，主要由中国人民解放军工程兵修建。这支英雄的军队遵照党中央的号召和毛主席"一面进军，一面修路"的指示，在财力匮乏、技术短缺、自然环境极为恶劣的情况下，齐心协力征服重重天险，1954 年 5 月起，历时 7 个月零 4 天的时间，在"生命禁区"修通了格尔木至拉萨段的"天路"，结束了青藏高原千百年来人背畜驮的运输方式和长期闭塞的状况，是我国公路建设史上的一座丰碑。

1950 年 4 月，军党委下达筑路命令，抽调部队组成筑路大军，号召指战员们为建设新青海贡献力量。

雪域天路

青藏高原被称为地球的第三极，地势险峻、山川巍峨，既造就了它神奇的美景，也阻隔了它与外界的联系。1950 年初，中国人民解放军在慕生忠将军的带领下挺进青藏地区，历经艰险、排除万难，在世界屋脊上修通了青藏公路，创造了辉煌的成绩。

20世纪50年代，格尔木至拉萨段的铁路勘测队。

筑路准备工作一切就绪，部队陆续开往工程地段。图为修筑青藏公路的部队装车出发。

慕生忠将军与格尔木干部合影

会师在筑路前线

工程技术人员翻山越岭，踏雪过河测量公路修筑线。

青藏公路前期线路勘察所用两辆胶轮大车其中之一

藏族同胞用牦牛给解放军运输物资

没有压路机，同志们就用自制的木夯代替，大家的口号是："一次修好，
坚固持久，水冲不垮，车压不塌。"

青藏公路修建施工现场

战士们冒着漫天风雪挖石筑路

三塔拉地区荒漠一片，缺石缺水缺柴，部队就到20多公里以外拉沙运石铺垫路基，拉水砍柴保证生活。

西宁市各族各界人民为慰劳筑路部队掀起捐献活动，并分别派代表赴青藏、宁张筑路工区慰问部队。图为赴青藏筑路工区的慰问团代表向指战员们念慰问信。

在修筑青藏公路中缺少运输工具，就涌现出许多爱护工具的模范。图为6团2连爱护工具模范马宗良给背筐缝上马皮，使背筐经久耐用。

1950年9月初，青藏公路西宁至黄河沿段基本竣工。部队在短短四个多月中，完成新建公路605公里，为建设新青海创造了丰功伟绩。图为完成筑路任务的英雄们带着胜利的喜悦，在河边洗衣整装准备回防西宁。

挖石铲沙工作量大，工具磨损很快，铁工组就在工地上架炉生火，及时进行加工修理。

战士们挖排水沟

为修通长石头山公路，战士们背石子铺设路面。

青藏公路劈开羊八井石峡，直下拉萨。

慕生忠（1910.8-1994.10）

陕西省吴堡县人。1930年参加革命，1933年加入中国共产党，1955年被授予少将军衔。

慕生忠将军主持大会

慕生忠将军带领筑路大军在格尔木栽下的第一棵树

1955 年 5 月 11 日，青藏公路管理局挂牌成立。

位于青海省海西蒙古族藏族自治州乌兰县的莫河驼场

莫河驼场大事记

1951 年，中共西北西藏工委在甘肃民勤、武威、宁夏等地招募驼工、购买骆驼，成立西藏工委驼运总队。

1951 年 5 月 25 日，毛泽东签发了《军委关于进军西藏的训令》，指示部队以战备姿态，分路向西藏腹地进军。驼运总队负责进藏部队的物资运输和后勤保障。

1951 年 8 月，西藏工委驼运总队驼运 400 万斤粮食及粮秣军需物资，为进藏部队提供后勤保障。

1952 年 1 月，西藏工委驼运总队护送十世班禅返藏。

1953 年 8 月，西北军政委员会成立西藏运输总队，总部设香日德。

1953 年 11 月，西藏运输总队接受西北军政委员会运粮援藏任务，保障西藏军民物资供应，副政委任启明带领探路队开展青藏公路修筑前期线路勘察工作。

1954 年，时任国务院副总理陈毅率 200 人的中央慰问团进藏途中，慰问了西藏运输总队筑路驼工。

1954 年 5 月 11 日，西藏运输总队 1200 名驼工跟随慕生忠政委，历时 7 个月零 4 天，贯通了青藏公路。

1956 年 2 月 24 日，西藏运输总队撤销，同年，转制为国营青海省柴达木骆驼场，场部设在都兰，后迁至莫河。

1957 年，彭德怀元帅到格尔木视察青藏公路，慰问西藏运输总队筑路驼工。

1958 年，时任国务院秘书长习仲勋视察青藏公路，到国营青海省柴达木骆驼场看望慰问筑路驼工。

1979 年，国营青海省柴达木骆驼场移交海西州，更名为地方国营青海省海西州骆驼场。

竣工通车

1954 年 12 月 25 日，两条当时世界上海拔最高的公路——康藏公路和青藏公路，分别从雅安和格尔木跨越崇山峻岭修到了拉萨，并在同一天全线通车，结束了西藏几千年来不通公路、没有汽车的历史。

1954 年 12 月 25 日，各族人民和筑路部队共同举行青藏公路全线通车典礼。

青藏公路上的护路工们

20 世纪 70 年代河西公路转盘指示牌

1954 年 12 月，筑路部队历经近五年的英勇奋战，终于修通青、康公路，西宁城垣数万人隆重集会庆祝并举行通车典礼。毛主席为筑路部队和工程技术人员授予了题有"庆祝康藏、青藏两公路的通车，巩固各族人民的团结，建设祖国！"的锦旗。

1954 年，首支进藏车队

1974 年 12 月 25 日，满载货物的车队行驶在昆仑山中。

手钻

通长 49.4 厘米，20.9 厘米
慕生忠将军纪念馆藏

手钳

通长 16.5 厘米
慕生忠将军纪念馆藏

工具盒

宽 7.9 厘米，高 8.9 厘米
慕生忠将军纪念馆藏

铅锤

高 8.2 厘米
慕生忠将军纪念馆藏

标尺
长 58.5 厘米，高 2 厘米
慕生忠将军纪念馆藏

工具袋
长 71 厘米，宽 71 厘米
慕生忠将军纪念馆藏

慕生忠将军军装
慕生忠将军纪念馆藏

慕生忠被誉为"青藏公路之父"。1954年5月11日，青藏公路格尔木—拉萨段破土动工，慕生忠带着1200名筑路军民，人手一镐一锹，向世界屋脊发起冲击。7个月零4天修通格尔木至拉萨的雪域天路，创造出公路建设史上的奇迹。1955年他被授予少将军衔。1994年10月19日，慕将军在兰州逝世，按照他的遗言，子女们把将军的骨灰撒在了昆仑山上、沱沱河畔，将军要永远守望着青藏公路。

慕生忠将军军帽
慕生忠将军纪念馆藏

两弹一星

20 世纪五六十年代，面对西方帝国主义的核威胁与核讹诈，党中央毅然决然作出研制核武器的伟大抉择，在青海金银滩创建中国第一个核武器研制基地，不到 10 年时间，自行研制并成功爆炸第一颗原子弹和第一颗氢弹。中国自此成为有重要影响、有重要国际地位的崭新大国，"两弹一星"精神也成为鼓舞中国人民奋勇前进的伟大力量。

1955 年初我国开始建立核工业。
1960 年我国成功发射了第一枚自主研制的导弹。
1964 年 10 月 16 日我国第一颗原子弹爆炸成功。
1967 年 6 月 17 日我国第一颗氢弹空爆试验成功。
1970 年 4 月 24 日我国第一颗人造卫星"东方红一号"发射成功。

地质工作者勘探铀矿

宏业基石

1958 年 5 月 31 日，中共中央总书记邓小平代表中央批准选址报告，选定了青海省海晏县的金银滩作为我国第一个核武器研制基地，对外称"221 厂"。在金银滩这片 1170 平方公里的茫茫草原上，国营 221 厂基地的建设者们在党的领导下，发扬独立自主、自力更生、自强不息、无私奉献的创业精神，头顶蓝天，脚踏草原，创建了中国核事业奇迹。

火热的建设场景（一）

火热的建设场景（二）

火热的建设场景（三）

火热的建设场景（四）

苏联专家合影

培养中国专家的苏联杜布纳联合核子研究所

1959年6月20日，苏共中央致中
共中央停止援助的文件。

送别苏联专家

从苏联杜布纳联合核子研究所归国科学家吕敏

从苏联杜布纳联合核子研究所归国科学家周光召

从苏联杜布纳联合核子研究所归国科学家何祚庥

自力更生

20世纪60年代初期的中国，自然灾害、群众运动使国家经济严重失调，财政相当困难。在这种情况下，原子城的科学家们与广大干部职工一起，将艰苦奋斗精神发挥到淋漓尽致，战胜困难，勇往直前。

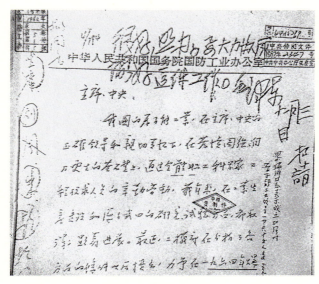

1962年10月19日，国防工办向中央汇报了二机部争取在1964年，最迟在1965年上半年爆炸我国第一颗原子弹的"两年规划"。毛泽东于11月3日批示："很好，照办。要大力协同做好这件工作。"

第一颗原子弹试验总指挥张爱萍上将

工作者们工地露餐

投身核事业的建设者们

自己动手,丰衣足食,"221厂"职工开荒种地,组织生产,勤俭办厂,攻克了一个又一个困难。

东方巨响

1964 年 10 月 16 日 15 时我国第一颗原子弹爆炸成功，中国成为第五个有原子弹的国家；1967 年 6 月 17 日上午 8 时我国第一颗氢弹空爆试验成功。这振奋人心的"东方巨响"，是 20 世纪下半叶中华民族创建辉煌伟业的先声。

金银滩上星站。"221 厂"的第一颗原子弹生产装配完成，通过"零次"列车运往酒泉基地组装，后运抵新疆罗布泊。

1964 年 10 月 16 日 15 时，我国第一颗
原子弹在罗布泊试爆成功。

1967年6月17日上午8时，我国第一颗氢弹空爆试验成功。

氢弹爆炸后，天空出现两个太阳的壮丽景观。

命运之石

长 32 厘米，宽 7 厘米，高 6.7 厘米
原子城纪念馆藏

　　我国早期发现的铀矿石标本。1950 年，刚刚成立的中华人民共和国经济上面临着来自西方的重重封锁。边境线上，"联合国军"的兵锋已直抵鸭绿江畔。在这个时候，美国更是对年轻的共和国发出了一连串的核威胁。此时，能否突破核威胁已经成为关乎共和国生存的问题。找到铀矿石是决定中国能开展核试验的关键因素。1954 年 10 月，由 20 人组成的地质勘查队在广西富钟发现铀矿化物，采集到中国第一块铀矿石。自此，中国核武器研究所应运而生，原子城拔地而起。这块铀矿石见证了中国核工业的起步与发展，被誉为中国核工业的"开业之石""命运之石"。

兆欧表

长 22 厘米，宽 13 厘米，高 10 厘米
原子城纪念馆藏

铁壳开关

长 37 厘米，宽 28 厘米，高 10 厘米
原子城纪念馆藏

电话机

长 22 厘米，宽 16 厘米，高 11 厘米
原子城纪念馆藏

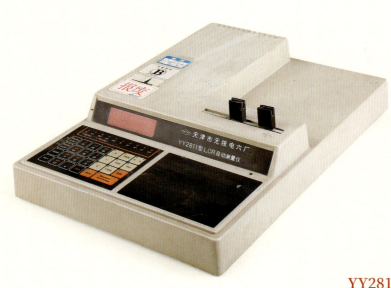

YY2811 型 LCR 自动测量仪

长 40 厘米，宽 27 厘米，高 8 厘米
原子城纪念馆藏

RCJ-3 绝缘电阻测试仪

长 44 厘米，宽 28 厘米，高 16 厘米
原子城纪念馆藏

A-11 型生产联络，高产扩音机

长 32 厘米，宽 29 厘米，高 23 厘米
原子城纪念馆藏

AC15/1 直流复射式检流计

长 25 厘米，宽 18 厘米，高 13 厘米
原子城纪念馆藏

宽频 Q 表辅助电感

长 50 厘米，宽 50 厘米
原子城纪念馆藏

C19 型毫安表

长 17 厘米，宽 17 厘米，高 9 厘米
原子城纪念馆藏

伏特表

长 35 厘米，宽 34 厘米，高 13 厘米

原子城纪念馆藏

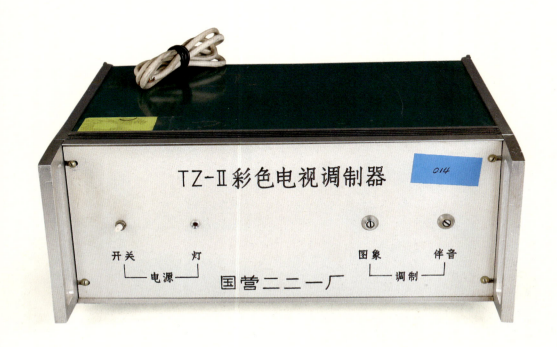

T2-11 彩色电视调制器

长 36 厘米，宽 24 厘米，高 16 厘米
原子城纪念馆藏

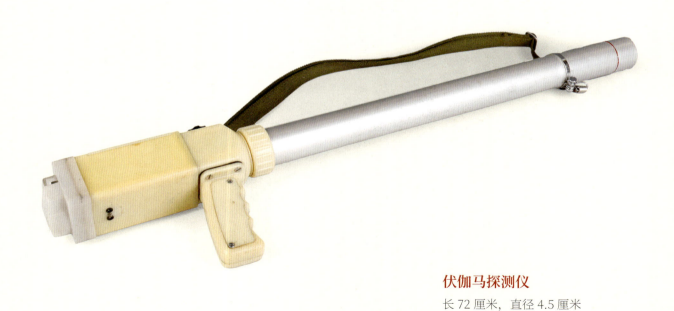

伏伽马探测仪

长 72 厘米，直径 4.5 厘米
原子城纪念馆藏

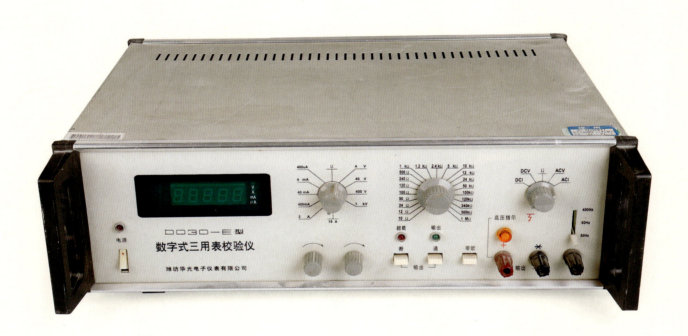

发字式校验仪

长 48 厘米，宽 15 厘米，高 33 厘米
原子城纪念馆藏

玉树常青

2010年4月14日7时49分，青海玉树发生7.1级地震，家园倾覆。在党中央、国务院、中央军委的坚强领导和全国人民的倾力支持下，全党全军全国各族人民众志成城、团结奋战，经过一千多个日夜的艰苦奋战，曾经满目疮痍的灾区浴火重生，一个崭新的玉树傲然屹立在雪域高原，谱写了人类与自然灾害抗争的又一曲英雄凯歌，铸就了伟大中华民族精神的又一座巍峨的丰碑。

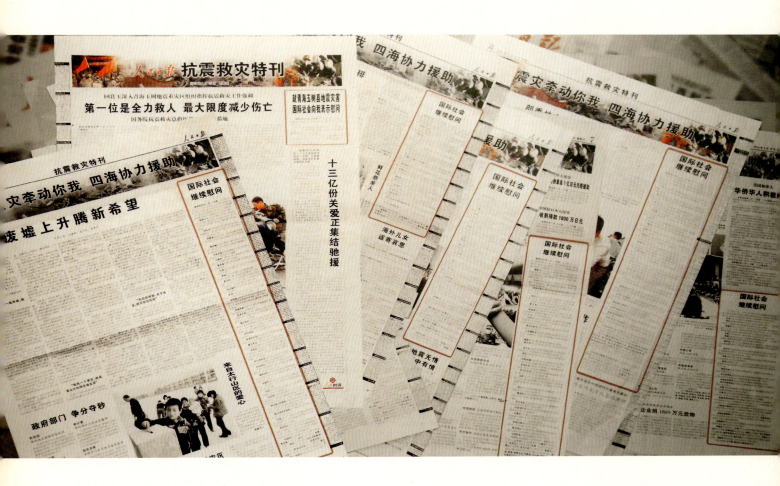

抗震救灾

玉树地震发生后，在党中央的坚强领导下，抗震救灾部队第一时间赶到灾区，力求减少损失，竭力救助群众。全国人民也慷慨支援，以各种方式伸出援助之手，极大鼓舞了灾区人民战胜灾难的信心和勇气。

人民日报

RENMIN RIBAO

人民网　网址：http://www.people.com.cn
手机：http://wap.people.com.cn

2010 年 4 月
18
星期日
庚寅年三月初五
人民日报社出版
国内统一连续出版物号
CN 1ⅠⅠ—0065
第22562期（代号1-1）
今日8版

出席核安全峰会和"金砖四国"领导人
第二次正式会晤并对巴西进行访问后

胡锦涛主席提前回国抵京

中共中央政治局常务委员会召开会议
全面部署青海玉树抗震救灾工作
中共中央总书记胡锦涛主持会议

会议强调，现在抗震救灾工作正处在关键时刻，我们必须以更加顽强的精神、更加迅速的行动、更加科学的方法，克服一切艰难险阻，坚决做好抗震救灾各项工作

新华社北京4月17日电 4月17日下午，中共中央政治局常务委员会召开会议，全面部署青海玉树抗震救灾工作。中共中央总书记胡锦涛主持会议。

会议听取了国务院抗震救灾总指挥部关于青海省玉树藏族自治州玉树县严重地震灾情和抗震救灾工作情况的汇报。

会议指出，青海玉树强烈地震发生后，党中央、国务院和中央军委迅速作出部署，成立国务院抗震救灾总指挥部，组织和协调开展抗震救灾工作。几天来，受灾地区各级党委和政府及广大干部群众，中央和国家机关有关部门、人民解放军和武警部队、民兵预备役人员、公安民警和消防官兵……

进、总的看，救援行动是及时的，救援工作是得力的，为减少地震灾害损失、保障受灾群众生活、维护社会稳定发挥了重要作用。

会议强调，现在抗震救灾工作正处在关键时刻，我们必须以更加顽强的精神、更加迅速的行动、更加科学的方法，克服一切艰难险阻，坚决做好抗震救灾各项工作。当前，尤其要抓紧做好以下几方面工作。要全力搜救被困群众，加大力量投入，扩大搜索范围，逐村逐户排查，全力搜救被埋人员。确保搜救工作不留死角，尽最大努力抢救生命。要努力救治受伤人员，加大救治力度，加强危重伤员转移救治力……

喝、有临时住处、有病能得到及时治疗；要切实解决好灾区学生复课问题，扎实做好灾区卫生防疫工作。要迅速修复基础设施，尽快实现有效保障灾区道路、通电、通水、通信畅通，尤其要保证运输畅通，为尽快恢复正常秩序创造条件。要严格关注灾情，加强对余震的监测和防范，加强对次生灾害的预防，避免造成新的损失。要加强宣传舆论工作，及时、准确、全面、客观发布灾情和抗震救灾工作进展情况。大力宣传这次抗震救灾斗争中涌现出来的模范集体和先进人物，广泛宣传他们的先进事迹和崇高精神，激励广大干部群众坚定信心、顽强拼搏，团结一心夺取抗震救灾斗争……

调度，有序推进抗震救灾工作。

会议要求，受灾地区各级党政领导班子和领导干部要坚守岗位、恪尽职守，深入一线、靠前指挥，到灾情最严重的地方去，到最困难的地方去，带领广大群众全力以赴抗震救灾，尽最大努力把灾害造成的损失降到最低程度。要充分发挥各级党组织的战斗堡垒作用、各级领导干部的模范带头作用、广大共产党员的先锋模范作用。广大党员、干部要在抗震救灾斗争中经受考验，成为广大群众的主心骨。人民解放军和武警部队要充分发挥突击队作用，为夺取抗震救灾胜利贡献力量。要热忱关心和爱护所有参加救灾的救援人员，保……

中共中央政治局常务委员会召开会议全面部署玉树抗震救灾工作

4月14日，中国国家地震灾害紧急救援队在北京南苑机场登机，急赴玉树震区。

4 月 14 日晚至 16 日晨，总后青藏兵站部抗震救援队从格尔木抄近路赶赴玉树，勇闯可可西里无人区，17 台车爆了 30 多个轮胎。

4 月 15 日，兰州军区第一抗震救援队到达灾区后，立即展开生命救援。图为救援队官兵在玉树职业技术学院宿舍楼救援现场。

各路军队与当地群众、僧人一起争分夺秒，积极救援。

青海省军区某独立团官兵抢救出藏族妇女

青岛消防官兵使用生命探测仪搜寻废墟下的生命

党旗在灾区高高飘扬

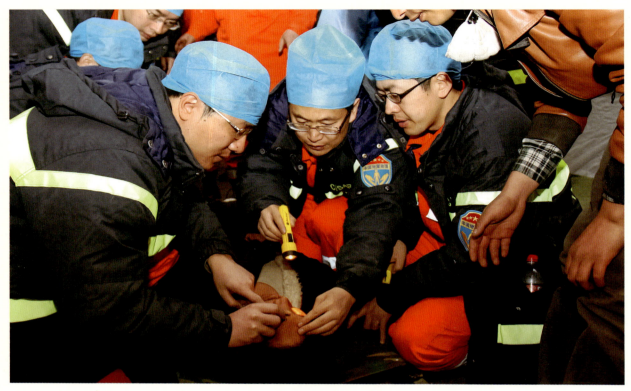

武警总医院专家在现场抢救危重伤员

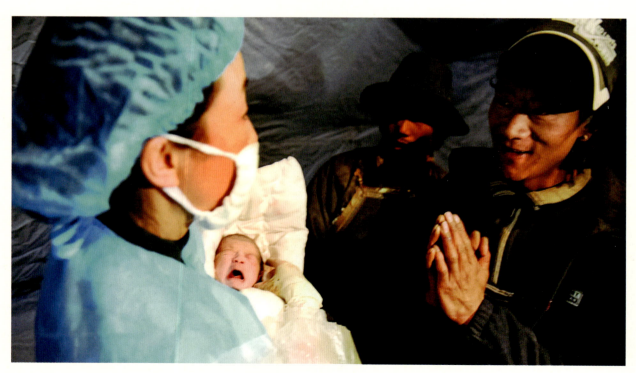

在解放军第四医院的救助点内，诞生一个婴儿，家属激动感谢医护人员并与之合影。

4 月 15 日，中国国家地震灾害救援队和四川什邡救援队在废墟中抢救出一名藏族妇女。

生命奇迹不断被创造

第二炮兵在临时就餐点发放食物

浴火重生

如今，车水马龙、灯火辉煌的社会主义新玉树在雪域高原重获新生。玉树灾后恢复重建取得重大成就，充分展现了中国共产党的坚强领导和中国特色社会主义制度的巨大优越性，体现了气贯长虹、势不可挡的"中国力量"。

武警青海省总队四支队在救灾现场开展"顾大局、讲奉献、做合格党员"活动。

在临时帐篷学校上课

风雪夜运送物资，西宁至玉树的214国道成了运送救援物资的"生命线"。

5月3日，中华思源工程扶贫基金会等单位为著名国画家陈海先生举办抗震救灾义展义卖活动。

青海省民政部门积极调运救灾物资

4月20日，"情系玉树、大爱无疆"抗震救灾大型募捐活动特别节目在北京成功举行，募得捐款超过23亿元。

在青海玉树一家孤儿院做慈善义工的中国香港人黄福荣，4月14日在协助搜救孤儿院被困师生过程中遭遇余震不幸罹难。

玉树灾后重建标志性工程开工典礼

援建队伍不分昼夜地工作

在重建誓师大会上宣誓

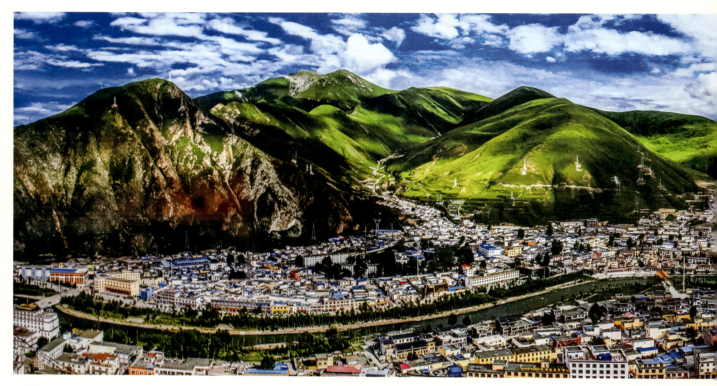

玉树新城

玉树新城夜景

玉树抗震救灾英雄人物黄福荣塑像

底长 110 厘米，宽 60 厘米，高 100 厘米
青海省博物馆藏

　　黄福荣生于 1964 年 7 月 6 日，中国香港居民，2002 年开始在中国内地做慈善工作。2010 年 4 月 14 日在青海玉树地震中，他本来已经脱险，但返回孤儿院抢救三名孤儿和一名教师后，在余震中不幸罹难，他是玉树抗震救援中首个遇难的志愿者。他对生命的珍惜及无畏的爱心感动了内地和香港两地无数人，许多人自发举行各种活动纪念他"大爱无疆"。

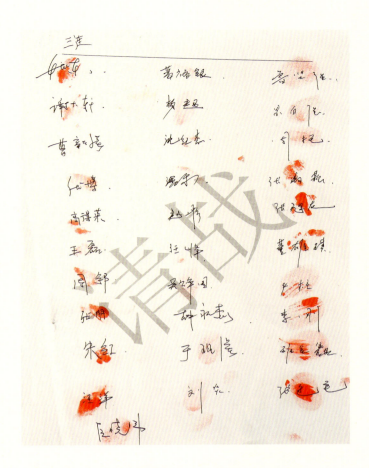

三连及团党委抗震救灾请战书

长 30 厘米，宽 20 厘米

玉树抗震救灾纪念馆藏

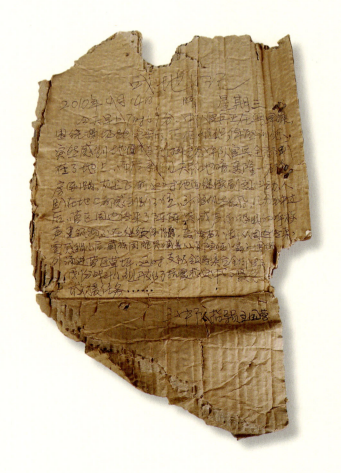

战地日记

长 30 厘米，宽 30 厘米

玉树抗震救灾纪念馆藏

地震废墟中的玩具

长 25 厘米，宽 15 厘米
高 30 厘米
玉树抗震救灾纪念馆藏

玉树州消防支队提供的灭火服、手套

长 45 厘米，宽 38 厘米
玉树抗震救灾纪念馆藏

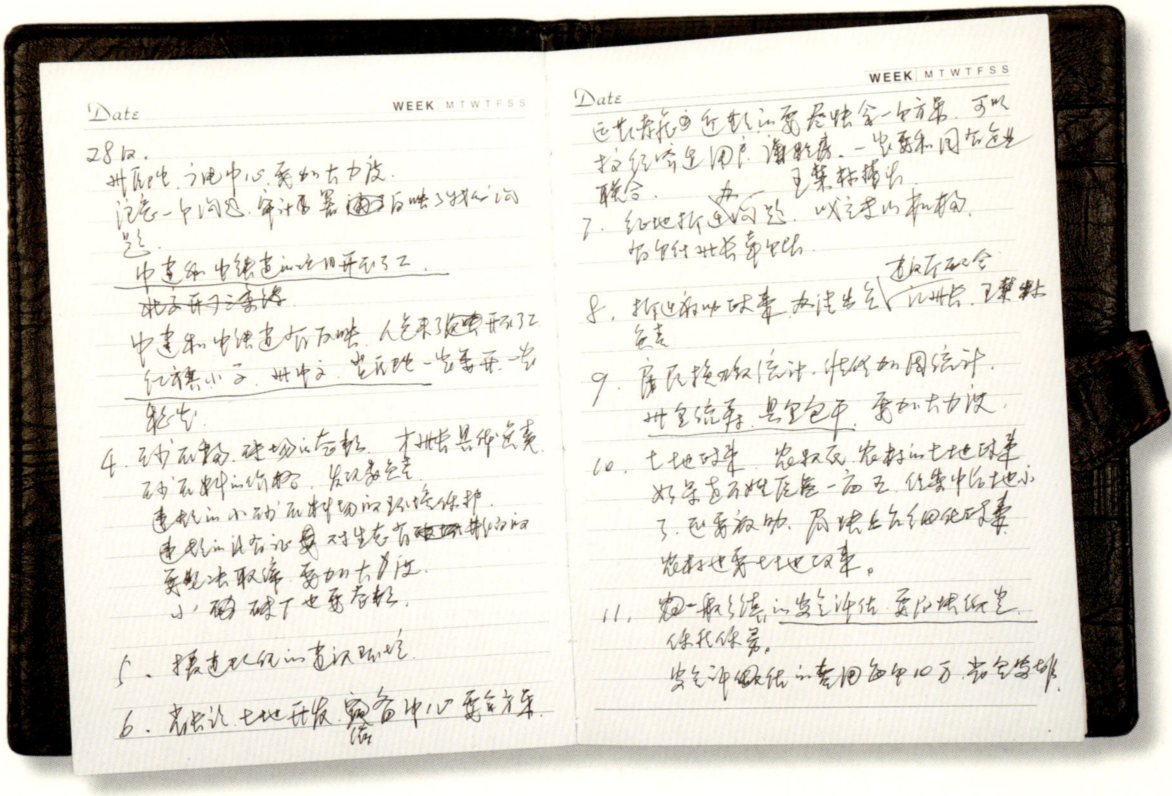

抗震救灾笔记

长 30 厘米，宽 22 厘米

玉树抗震救灾纪念馆藏

青海省军区独立团提供的作战靴

长 30 厘米，高 27 厘米
玉树抗震救灾纪念馆藏

玉树抗震救灾英雄人物才哇救援时使用的千斤顶

长 44 厘米，宽 12 厘米
玉树抗震救灾纪念馆藏

才哇，青海省玉树州结古镇扎西达通村第三社社长，荣获 2010 年度感动中国人物——授予称号"铁汉"。玉树地震发生后，才哇失去了 3 位亲人，却顾不上去料理家人后事，依然奋战在救灾现场。地震发生后 10 天的时间里，这个坚强的康巴汉子总共的睡觉时间不足 10 个小时，他带人用手和身边能找到的工具不停地扒刨，乡亲们一个个从废墟中被救了出来，三社的人终于被找齐，7 人遇难、20 多人受伤。

玉树州消防支队救援时使用的作战帽、铁锹等工具

铁锹长 64 厘米，帽子直径 22 厘米

玉树抗震救灾纪念馆藏

玉树抗震救灾英雄人物才旦多杰穿过的警服

长 50 厘米, 宽 46 厘米

玉树抗震救灾纪念馆藏

传承红色精神
赓续百年征程

　　革命战争年代的红军，曾经在青海为中国革命作出了巨大牺牲，他们坚持革命、不畏艰险的英雄主义气概和为党和人民英勇献身的精神，深深镌刻在青海大地上。新中国成立初期，老一辈革命者和创业者在建设青藏公路、开发柴达木中奉献终生。社会主义建设时期，中华民族的优秀儿女聚集在金银滩，在极其恶劣的环境下，成功研制出我国第一颗原子弹和第一颗氢弹。改革开放以来，社会各界和青海各族儿女们又为青海增添了崭新的精神内涵。

20世纪60年代，尕布龙在黄南藏族自治州调研。

1926年，尕布龙出生于青海省海晏县一个牧民家庭。他担任副省级领导职务21年，坚持深入基层，带领民众脱贫致富。为解决牧民实际困难，他在家中开了30多年"牧民店"，免费接待从青海各地来西宁办事、看病的农牧民。2001年退休后，他不忘初心，义务在西宁植树造林十余年，用生命染绿了西宁的南北两山。尕布龙用一生坚守共产党人的高尚品质，以实际行动践行了为共产主义事业奋斗终生的崇高理想。

20世纪60年代，尕布龙在黄南藏族自治州调研。

20世纪80年代，人民群众向尕布龙敬献哈达。

尔布龙与牧民在"牧民之家"前合影

尔布龙看望曾救助过的牧民

尕布龙在西宁北山义务植树长达10年

守护生态的 "可可西里人"

巡山员渴饮融雪水

风餐露宿

巡山队员合影

车陷淤泥

车辆出状况自行修车

艰苦创业的"柴达木人"

近六千名河南青年来到柴达木盆地，先后建立了香日德、希里沟、夏日哈、莫河、德令哈等青年农场。这些朝气蓬勃的青年，给柴达木盆地带来了生气。

柴达木冷湖油区的试油井喷油

坚守柴达木盆地的工作者们

中国人民大学新闻系毕业实习分配到柴达木盆地参与创办《柴达木报》的同学们

庆祝泉一井开钻典礼

柴达木油田远景

敢为人先的"小高陵人"

小高陵村村民垦荒造林的场景

实验田粮食丰收，村两委喜出望外。

国务院嘉奖小高陵大队奖状

当代小高陵村的层层梯田

结　语

红色基因，薪火相传。

革命文物凝结着中国共产党的光荣历史，展现了近代以来中国人民英勇奋斗的壮丽篇章，承载着催人奋进的红色传统和红色基因，是激发爱国热情、振奋民族精神的深厚滋养，是我们党团结带领人民不忘初心、继续前进的力量源泉。

保护革命文物，传承初心使命。红色基因，代代相传。